Das Mutmach Einhorn

AF217388

Interaktive Einhorngeschichten für Mädchen

Lese Papagei
Katharina Stehr

1. Auflage

2022

Das Mutmach Einhorn

Copyright © 2022

1. Auflage

Lese Papagei & Katharina Stehr

Herausgeber: RBM Publishing

Autor: Lese Papagei & Katharina Stehr

Illustration: Lisa Schürz

Umschlaggestaltung: Daniela Patricia Brenner

Lektorat: Antje Grube

Buchsatz: Giorgia Mascara

ISBN: 978-3-949772-24-5 (Taschenbuch)

978-3-949772-25-2 (Hardcover)

978-3-949772-35-1 (eBook)

Inhaltsverzeichnis

Vorwort

Die Welt der Einhörner ist farbenreich, magisch und voller Faszinationen. Sorgen und Ängste scheinen hier keinen Platz zu haben. Jeden Tag scheint die Sonne, es gibt kein schlechtes Wetter und selbst wenn, finden sie immer einen Grund zum Lächeln. Möge deine Welt wie die eines Einhorns sein.

Hier ist scheinbar alles perfekt und deine Probleme spielen hier keine Rolle, denkst du? Du möchtest so gerne ebenfalls ein Einhorn sein, um all dies zu teilen und nie mehr an etwas Schlechtes denken zu müssen?

Halte jedoch an diesem Punkt kurz inne. Kleine Einhörner haben genauso Sorgen wie du, die sie immer wieder bekämpfen müssen. Das klingt seltsam, richtig? Sie hätten doch so viele Möglichkeiten, um sie einfach wegzuzaubern. Doch so leicht ist es nicht. Gegen manche Sorgen gibt es nun mal keine Magie und Zauberkraft, sei ein Einhorn noch so stark und mächtig.

Du bist noch immer nicht überzeugt, dass es den Einhörnern manchmal genauso geht wie dir? Dann ist es für dich an der Zeit, in ihre Welt einzutauchen und zu sehen, was die wundersamen und schönen Tiere jeden Tag bewegt.

Freue dich darauf, Sassi kennenzulernen und ihr eine Stütze zu sein, wenn sie ihre Freundin sehr vermisst, mit der sie früher jeden Tag verbracht hat. Wird sie sie wiedersehen und lernt sie zu verstehen, dass ein Abschied nicht für immer ist?

Lissy freut sich ebenfalls schon jetzt auf einen Besuch von dir. Sie fühlt sich nicht wohl, weiß aber, dass ihr Leben mit ihrem besonderen, neuen Schmuck sehr viel besser sein könnte. Sie muss hier eine Entscheidung treffen, die ihr nicht leicht fällt.

Fiona wartet auch schon auf dich. Sie ist ein Einhorn auf der Suche nach der Magie – etwas, das wohl jedem Fabelwesen innewohnt. So einfach ist es aber nicht.

Es braucht sehr viel Willen, Können und Durchhaltevermögen, um so etwas Unbeschreibliches wie Zauberkraft zu erlangen. Wird sie es schaffen?

Diese drei kurzen Einblicke in ein paar Geschichten haben dir sicherlich gezeigt, dass Einhörner es nicht immer so leicht haben, wie es auf den ersten Blick scheint.

Sie brauchen genauso Hilfe wie du und auch sie fühlen sich manchmal allein und wissen nicht, wie sie ihre Probleme lösen sollen.

Jetzt sind sie nicht mehr allein und du bist es auch nicht! Immer, wenn du Sorgen hast, kannst du dieses Buch aufschlagen und dich in eine Welt begeben, in denen es magischen Wesen ähnlich geht wie dir.

Du bist nicht allein mit deinen Ängsten, auch wenn du dich vielleicht so fühlst. Anderen geht es auch so, völlig egal, ob Mensch oder Tier.

Deine Einhorn-Freunde helfen dir, neue Lösungen zu finden, dich nicht mehr allein zu fühlen und einen Weg zu gehen, den du sonst vielleicht nicht gesehen hättest.

Eine wunderbare Reise liegt nun vor dir. Möchtest du dich auf den Weg machen?

Sehr gut, dann ist es jetzt an der Zeit: Schließe die Augen, sammle deine Kraft und mache dich auf!

Hier erlebst du Fantastisches, Wunderbares und Einzigartiges. Alles für dich und deine eigene kleine Welt!

Viel Spaß und Vergnügen im Land der Einhörner.

Ein ungewollter Schmuck

Lissy stand nun schon eine Weile hier und überlegte, was sie dort in der Ferne sah. War es ein Vogel oder eher eine Frucht auf dem Baum? Näher heran konnte sie nicht gehen. Dazu war der Bach zu breit und nass werden wollte das Einhorn jetzt nicht.

Sie warf ihre Mähne zur Seite und versuchte so, das Rätsel zu lösen. Es gelang ihr aber dennoch nicht.

Traurig senkte das weiße Einhorn den Kopf. Es ging nicht anders: Sie musste diese blöde Brille tragen.

Lange genug versuchte Lissy schon, sich dagegen zu wehren, aber jetzt musste auch sie einsehen, dass es keinen Sinn machte. Sie konnte viele Dinge einfach nicht erkennen und das konnte auf Dauer nicht so bleiben.

Was, wenn sie im Flug einen Vogel oder Stern übersah oder zu spät erkannte? Sie wollte nicht die Schuld daran tragen, wenn es dadurch zu einem Unfall käme. Selbst, wenn das nicht passieren

würde, war es im Alltag einfach viel zu schwer: Sie sah zum Beispiel einen Apfel erst dann, wenn sie genau davorstand.

„Was machst du denn hier?"

Lissy erschrak und wandte den Kopf. Mama stand hinter ihr und schien schon eine Weile nach ihr gesucht zu haben.

„Ich ... ich weiß nicht!"

Das kleine Einhorn schluckte die Antwort herunter. Mama würde ohnehin erraten, was sie hier tat. Sie hob auch den Kopf und schaute in die Richtung, die Lissy noch vor ein paar Sekunden im Blick hatte.

„Du hast bestimmt nach dem Apfel geschaut, oder?"

Mehr als ein Nicken brachte das kleine, weiße Tier nicht hervor.

„Glaubst du jetzt, dass du eine Brille brauchst? Es ist wirklich besser für dich und wenn du sie oft trägst, brauchst du sie vielleicht gar nicht so lange. Was meinst du? Wollen wir es versuchen?"

Lissy war nicht überzeugt, aber sie sah ein, dass sie nicht erkannt hatte, dass dort an dem Baum ein Apfel hing.

„Aber sie sieht komisch aus!", protestierte sie dennoch und hoffte, so noch etwas bewirken zu können. Doch es half nichts.

„Sie sieht nicht komisch aus, Lissy. Es ist nur ungewohnt. Wir gehen jetzt nach Hause und versuchen es. Komm mit!"

Das kleine Einhorn wollte zwar nicht mit, aber Mama bestand darauf. Sie drehte sich um und machte sich zusammen mit ihr auf den Heimweg.

Der Weg nach Hause schien heute kürzer zu sein als sonst. Mama ging voran und als sie in den Flur traten, entdeckte Lissy auch schon die Brille.

„Da ist sie, mein Schatz! Sie sieht doch so hübsch aus, meinst du nicht?"

Das Einhorn trat näher heran. Natürlich kannte sie die Brille, denn sie hatte sie selbst ausgesucht. Damals glaubte sie aber nicht daran, dass sie sie wirklich tragen würde oder müsste. Immer wieder versuchte das kleine Einhorn, auf die Sehhilfe zu verzichten, aber mit der Zeit wurde es nicht besser.

„Muss das wirklich sein, Mama?", fragte sie wieder und hoffte, dass die Brille wieder in der Schublade verschwinden könnte. Doch dieser Gefallen wurde ihr nicht getan.

„Du weißt, was der Arzt gesagt hat. Wenn du sie nicht trägst, werden deine Augen immer schwächer. Dann wirst du sie vielleicht für immer brauchen und du hast selbst gemerkt, dass es ohne nicht geht!"

Lissy sah es dennoch nicht ein.

„Vielleicht habe ich nur einen schlechten Tag. Das kann doch sein?"

Mama trat ein Stück näher an das Einhorn heran und strich mit ihren Nüstern über ihre bunte Mähne.

„Schatz, du weißt doch, dass es nicht so ist. Wie lange versuchst du es schon und es wird nicht besser? Wovor hast du denn Angst?"

Lissy senkte den Kopf und wandte den Blick von der Brille ab.

Angst? Konnte sie es wirklich so bezeichnen? Sie wusste es nicht, aber vielleicht war es tatsächlich ein ängstliches Gefühl. Sie kannte niemanden, der eine Brille trug, und das allein reichte ihr schon, um sich damit unwohl zu fühlen.

„Ich bin die Einzige, die eine trägt. Ich will das nicht!"

Das kleine Einhorn merkte, dass sie trotzig klang, aber sie wusste sich keinen anderen Rat mehr. Sicher: Die Brille sah hübsch aus. Sie war rosa und glitzerte. An der Seite hatte sie sogar einen kleinen Schmetterling, der genauso schön funkelte. Es war genau die richtige Brille für ein Einhornmädchen. Dennoch reichte es nicht aus, um sie zu mögen und auch noch jeden Tag zu tragen.

„Deswegen möchtest du sie nicht tragen? Weil keiner von deinen Freunden eine hat?"

Lissy nickte nur. Was sollte sie dazu sagen?

„Aber das ist doch nicht schlimm. Vielleicht brauchen die anderen auch irgendwann mal eine Brille und selbst wenn nicht, bleibst du doch immer noch du. Versuche es doch wenigstens.

Du hast sie nur einmal kurz getragen. Vielleicht gefällt es dir, wenn du damit besser sehen kannst."

Das Einhorn atmete hörbar ein und dachte über Mamas Worte nach. Es stimmte schon, dass sie die glitzernde Brille erst einmal für wenige Minuten getragen hatte und das nur, weil Mama es wollte. Seitdem lag sie hier und wartete auf ihren Einsatz.

„Wenn es mir nicht gefällt, darf ich sie wieder ab-setzen?", fragte Lissy sofort nach und versuchte so, eine Fluchtmöglichkeit für sich zu finden. Mama nickte. Ob sie es auch wirklich ernst meinte, wusste Lissy nicht. Die Unsicherheit blieb, dennoch schau-te sie immer wieder auf die Sehhilfe, die nun nicht mehr ganz so schrecklich aussah.

„Na gut. Einen Versuch!"

Mama würde sowieso nicht aufgeben, bis sie es probierte. Vielleicht sollte sie ihr einfach diesen Gefallen tun.

Lissy beugte sich nach vorn und nahm die Brille an sich. Sie glitzerte wirklich wunderschön und jedes andere Einhorn wäre vielleicht froh, so einen schö-nen, funkelnden Schmuck zu haben.

Der Gedanke, die Brille als Schmuck zu bezeichnen, brachte Lissy zum Lächeln. Einen Versuch war es zumindest wert.

Mit einem Seufzer hob das kleine Einhorn die Brille nach oben und setzte sie auf. Sie blinzelte und musste sich an die neue Umgebung gewöhnen.

Plötzlich war alles anders.

Sie sah dort drüben an der Wand das Bild von Papa viel deutlicher und musste sich nicht mehr direkt davorstellen, um ihn erkennen zu können. Die schönen Blumen in der Ecke konnte Lissy jetzt auch klarer sehen und sogar, dass ein Vogel auf dem Fensterbrett saß und sie aufgeregt betrachtete.

„Mama, da sitzt ein Vogel!", freute sich Lissy und deutete in die Richtung.

„Sehr gut mein Schatz! Ich bin mir sicher, dass du ihn ohne Brille nicht gesehen hättest."

Vorsichtig setzte das Einhornmädchen die Brille ab und konnte dem nur zustimmen. Tatsächlich hätte sie nicht sagen können, was dort auf dem Fensterbrett saß.

Genau in diesem Moment kam Luna, ihre beste Freundin, herein.

Lissy drehte sich um und erschrak.

„Oh, Lissy, du trägst deine Brille!"

Die Freundin trat näher an sie heran und lächelte.

„Da sind sogar Schmetterlinge drauf. Toll siehst du aus! Und kannst du jetzt besser sehen?"

Das weiße Einhorn war verwundert. Dieses Gefühl wich aber sofort und machte etwas anderem Platz: Glück!

„Ja, ich sehe wirklich besser. Das ist super. Sogar den Vogel da drüben auf dem Fensterbrett kann ich erkennen."

„Das ist doch toll. Die Brille sieht wirklich schön aus. Schade, dass ich keine habe!"

Jetzt lachten nicht bloß Luna und Lissy, sondern auch Mama. Es war ein Lachen voller Freude und Glück. Endlich waren die Sorgen und Ängste vorbei und das kleine Einhorn wusste in diesem Moment, dass sie nicht wiederkommen würden.

Luna machte ihr nicht nur Mut, weil sie ihre beste Freundin war, sondern weil sie es wirklich ernst meinte. So war sie!

Nun lagen ganz neue Möglichkeiten vor ihr. Lissy würde alles sehen können und sich nicht mehr fragen, was dort saß oder lag. Jetzt war alles ganz einfach zu erkennen und nebenbei sah sie auch noch richtig toll aus.

Mit einem Lächeln ging sie mit Luna nach draußen und sah die Welt mit anderen Augen. Sie liebte ihre neue Brille und es gab nichts, wovor sie Angst haben musste. Von jetzt an würde sie sie immer tragen.

Lissy hat ihre Angst überwunden und wird ihre Brille nun tragen! Wie stellst du dir Lissy mit Brille vor? Male dein Einhorn und setze ihm eine Brille auf, so wie du es dir laut dieser Geschichte vorstellst!

Seltsam dreifarbig

Pixie lief durch das kleine Waldstück, so wie sie es immer tat. Das Einhorn war nicht gerne allein, aber meistens ging es nicht anders.

Traurig schaute sie hinauf in den Himmel und ließ ihr Gesicht von der Sonne kitzeln. Heute war ein herrlicher Tag und wie gerne hätte Pixie diesen mit anderen Artgenossen verbracht. Ob das jemals wieder in Erfüllung gehen würde? Nein, da war sich das Einhorn sicher. Mit ihm würde niemand spielen wollen, auch wenn es sich noch so große Mühe geben würde.

Der Grund dafür war recht einfach: die Mähne, die sein Aussehen zu etwas Seltsamem und Eigenartigem machte.

Pixie kannte kein Einhorn, das so aussah wie sie. Alle trugen einfarbige Mähnen und Schweife. Die einen waren Gelb, die anderen Rot oder auch Grün. Eines war Regenbogenfarben, aber das war wieder etwas anderes.

Pixies Mähne sah nicht aus wie der Regenbogen. Ihre war Blau, Lila und Grün. Von schön konnte ihrer Ansicht nach keine Rede sein. Niemand sah so aus und dann passierte das, was kommen musste: Eines Tages wurde sie von einem anderen Einhorn ausgelacht. Pixie kannte seinen Namen nicht und das war auch besser so. Seit diesem Tag traute sie sich nicht mehr unter ihre Artgenossen und verbrachte die meiste Zeit allein. Nicht nochmal wollte sie ausgelacht werden.

Mama versuchte ihr immer wieder Mut zu machen. Sie sollte es doch versuchen, sie wäre genauso ein tolles Einhorn wie alle anderen. Mama meinte es gut, ohne Frage. Sie wusste aber nicht, wie Pixie sich fühlte. Noch einmal zu den anderen zu gehen und sich auslachen zu lassen, kam überhaupt nicht infrage.

Mit der Zeit gewöhnte sich Pixie an diese Einsamkeit. Dennoch gab es immer wieder Tage wie heute, an denen sie traurig darüber war.

Ein Geräusch riss das Einhorn aus ihren Gedanken und sie wirbelte herum. Die Mähne flatterte im leichten Wind und verhüllte kurz ihren Blick. Dort auf einem Ast saß ein kleiner, bunter Vogel. Er war wunderschön und Pixie ging ein Stück auf das Tier zu.

„Na, was machst du hier so allein bei dem schönen Wetter? Wo sind deine Freunde?", fragte der Vogel

Das kleine Einhorn blinzelte.

Es schien so, als wüsste er, was sie bedrückte. Sie schluckte.

„Ich habe keine Freunde. Ich bin allein hier!"

Das schien das Vögelchen nicht glauben zu wollen. Es legte den Kopf schräg und zwitscherte.

„Allein? Das gibt es doch nicht. Niemand sollte allein sein."

Pixie senkte den Kopf und wusste, dass der bunte Vogel recht hatte. Jetzt fiel ihr wieder auf, wie unglücklich sie darüber war.

„Ich weiß, aber mit mir möchte niemand spielen."

Das Einhorn wusste nicht, warum sie diesem fremden Tier das erzählte. Irgendwie fühlte es sich gut an und ihr Herz wurde etwas leichter.

Der Vogel hüpfte auf seinem Ast hin und her.

„Warum das? Das muss doch einen Grund haben. Hast du die anderen geärgert?"

Pixie schüttelte den Kopf.

„Nein, das ist es nicht. Siehst du es nicht? Schau mich an!"

Es folgte ein wachsamer Blick, aber der kleine Freund auf dem Ast konnte sichtlich nicht erkennen, was an Pixie seltsam sein sollte.

„Ich weiß nicht, was du meinst."

Das Einhorn seufzte. Vielleicht sagte er das nur, um sie nicht zu verletzen. Es war so wie bei Mama. Anders konnte es nicht sein.

„Schau mal auf meine Mähne und meinen Schweif. Die anderen Einhörner sehen nicht so aus. Vor einiger Zeit hat mich einer ausgelacht und seitdem möchte ich mit den anderen nicht mehr spielen. Ich will nicht wieder ausgelacht werden."

Nun hüpfte der kleine Vogel von seinem Ast herunter, um Pixie etwas näher zu sein.

„Du möchtest nicht mit den anderen spielen. Aber wer sagt dir denn, dass die anderen nicht mit dir spielen wollen?"

Pixie überlegte. Daran hatte sie noch gar nicht gedacht. Ihr war immer klar gewesen, dass die anderen Tiere nichts mit ihr zu tun haben wollten.

„Spiel nicht allein! Heute ist so schönes Wetter. Such deine Freunde. Dann wird es dir besser gehen. Das kannst du mir glauben!"

Pixie fiel es jedoch schwer, diesen Schritt zu gehen. Sofort sah sie wieder das Einhorn vor sich, welches vor langer Zeit über sie gelacht hatte. Jetzt wieder in die Gruppe zurückzukehren, war nicht einfach.

„Na los! Du schaffst das, ganz bestimmt. Nur wegen der Farbe deiner Mähne und deines Schweifs bist du doch nicht anders. Du bist genauso schön wie die anderen Tiere!"

Mit diesen Worten flog der Vogel davon und verschwand im Baum. Pixie versuchte, ihn zwischen den Blättern zu erkennen, doch er war weg.

Mit einem Seufzen drehte sie sich um und folgten ihren Hufen. Ohne, dass sie es selbst beeinflussen konnte, schienen sie diese zu den anderen Einhörnern zu tragen.

Sie war da: Angekommen! Genau dort, wo sie schon lange nicht mehr gewesen war. Ihre Artgenossen spielten auf der Wiese im Sonnenschein. Sie lachten und tollten herum. Es ging ihnen gut und sie waren glücklich.

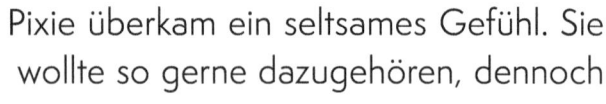

Pixie überkam ein seltsames Gefühl. Sie wollte so gerne dazugehören, dennoch

traute sie sich nicht, noch den letzten Schritt zu gehen.

Das kleine Einhorn versteckte sich hinter einem Baum und sah den anderen einen Moment zu. Wie gut sie jeden einzelnen von ihnen noch kannte.

Die Beobachterin trat einen kleinen Schritt zurück, sah den Zweig hinter sich aber nicht. Ein Knacken ertönte und zwei Einhörner wandten den Kopf in ihre Richtung. Zum Weglaufen war es nun zu spät.

„Hallo? Pixie, bist du es?"

Das angesprochene Einhorn senkte den Blick, während ihr Herz einen unsicheren Hüpfer machte. Das war es wohl: Gleich würden sie sie wieder fortschicken. Aller Mut schien von einer Sekunde auf die andere verflogen zu sein. Sicherlich würden sie jetzt glauben, dass sie sie heimlich beobachtet hatte.

„Was machst du denn da? Komm doch raus und spiel mit uns!"

Was hatten sie da gesagt? Das kleine Einhorn traute ihren Ohren nicht. Sie wollten mit ihr spielen und dachten nicht an das, was vor einiger Zeit passiert war. Sie störten sich nicht an ihrer dreifarbigen Mähne und dem Schweif. Sie gehörte dazu!

Zögerlich, aber doch zuversichtlich, trat Pixie aus ihrem Versteck hervor und schaute in die Runde. Niemand setzte ein böses Gesicht auf. Alle schauten sie freundlich an.

„Wo warst du so lange? Wir haben uns Sorgen gemacht. Schön, dass du jetzt wieder da bist. Komm, wir spielen Fangen. Machst du mit?"

Das ließ sich das kleine Einhorn nicht zweimal sagen. Natürlich wollte sie mitspielen und ohne lange zu warten, rannte sie auch schon los und fing das erste Einhorn ein.

„Hey, du bist aber schnell! Super!"

Was für ein Gefühl! Pixie konnte ihre Gefühle in diesem Moment nicht in Worte fassen. Sie wusste aber, wem sie ein Stück ihres Glücks zu verdanken hatte: dem kleinen, bunten Vogel aus dem Wald. Ohne ihn wäre sie nicht zurückgekommen, auch

wenn sie die Entscheidung letztendlich allein getroffen hatte. Nun stand sie hier und bereute nichts davon.

Sie war nicht anders, sie war besonders: auf ihre Art und Weise!

Vorbei war die Zeit des Alleinseins. Jetzt war sie wieder bei ihren Freunden, glücklich und zufrieden, wie sie es schon immer sein wollte. Alles war gut und im untergehenden Sonnenlicht des Tages spielte sie so lange, bis es Zeit war, nach Hause zu gehen.

Übung „Meine Stärken "

Jetzt heißt es kreativ sein! Schreibe in die Sonne all deine Stärken hinein. Dort kommt alles rein, was du gut kannst. Hier ein paar Beispiele, die du hineinschreiben kannst: gut zuhören, anderen helfen, teilen.

In die Wolke schreibst du mit Bleistift oder Farbstift deine Schwächen. Das können Dinge sein, die du gerne lernen möchtest oder worin du noch nicht so gut bist. Das kann zum Beispiel sein, dass du dich nicht mit fremden Leuten sprechen traust oder dass du Angst vor etwas hast. Wichtig ist, dass du deine Schwächen kennst. Nur so kannst du daran arbeiten. Sobald du genug geübt hast und somit zum Beispiel keine Angst mehr davor hast, mit fremden Menschen zu sprechen, kannst du das in der Wolke wegradieren und in die Sonne hineinschreiben.

Bestimmt wird schon bald die Sonne voller Stärken sein. Wir glauben an dich!

Entschuldigung unter Freunden

Filu saß vor ihrem Fenster und schaute hinaus. Der Garten lag hell und bunt vor ihr, die Vögel tanzten und sangen auf den Bäumen, als würden sie wollen, dass sie auch nach draußen kam. Heute war ein schöner Tag, aber den Wunsch der gefiederten Freunde wollte das rosa Einhorn mit der lila Mähne nicht erfüllen. Mit wem sollte sie spielen? Außer den Vögelchen war niemand da, mit dem sie sich zusammen hätte vergnügen können.

Traurig hüpfte sie von ihrem Sitzplatz herunter und überlegte, sich in ihre Hängematte zu legen. Dazu verspürt sie aber auch keine große Lust.

Als hätte Mama ihre Gedanken gehört, stand sie hinter hier.

„Willst du heute gar nicht draußen spielen gehen?"

Filu schaute auf und überlegte, ob sie etwas sagen sollte. Ein Kopfschütteln würde nicht reichen, so entschied sie sich für eine Antwort.

„Nein, heute nicht. Mara ist ohnehin nicht da."

Das Schniefen versuchte sie zu unterdrücken, Mama entging es jedoch nicht.

„Warum? Was ist denn mit Mara? Gestern war sie doch hier!"

Das stimmte. Ihre beste Freundin war gestern noch hier im Garten gewesen. Nun nicht mehr. Filu war sich auch sicher, dass sie nie mehr hierherkommen würde. Dieser Streit war nicht wie sonst.

„Sie wird nicht mehr herkommen!", sagte das rosa Einhorn und wandte sich ab. Sie wollte jetzt nicht vor Mama weinen, aber sie war schrecklich traurig.

„Aber Schatz, warum das?"

Mama wollte es genauer wissen. Filu hatte sich das schon gedacht und vielleicht sollte sie es ihr einfach erzählen. Sie spürte, dass sie mit jemandem reden wollte.

„Wir haben uns gestritten", antwortete sie schnell. „Gestern beim Spielen. Ich habe ihr gesagt, dass sie immer recht haben will und ich solche Einhörner nicht mag. Das hat ihr wehgetan, glaube ich. Aber ich konnte mich nicht mehr entschuldigen, weil sie weggelaufen ist."

Mama Einhorn kam näher und kuschelte sich kurz an das kleine Einhornmädchen.

„Das macht dir solche Sorgen? Dann geh doch zu ihr und entschuldige dich!"

Filu zog sich ein Stück zurück. Sie hatte auch darüber nachgedacht, mehr aber nicht.

„Sie wird mir nicht zuhören. Mara ist noch nie weggerannt. Sie hat sich nicht einmal mehr umgedreht. Ich weiß, dass sie richtig traurig war."

„Du hast dir nicht überlegt, was du gesagt hast. Das passiert. Du hast es jetzt eingesehen. Wenn du zu ihr gehst und dich entschuldigst, wird Mara sicherlich mit dir reden und sich freuen."

Filu überlegte. Wenn es doch nicht so schwer wäre.

„Geh zu ihr und dann wirst du dich besser fühlen. Glaube mir. Das kann jedem passieren und es wird nicht das letzte Mal sein.

Wenn du dich entschuldigst, dann ist das in Ordnung. Ihr seid beste Freundinnen."

Mama hatte recht, auch wenn das die Aufgabe nicht leichter machte. Filu entschied sich, zu Mara zu gehen.

Der Weg war nicht lang und so stand sie schon nach ein paar Minuten vor ihrer Tür. Viel zu leise, wie sie fand, klopfte das rosa Einhorn und wartete geduldig.

Langsam ging die schwere Tür auf und Maras Mama stand davor. Sie freute sich, dass Einhornmädchen zu sehen und wusste scheinbar nichts von dem Streit.

„Ist Mara da?"

Filus Worte waren leise, aber das ältere Einhorn schien sie sehr gut zu verstehen.

„Ja sicher. Ich rufe sie!"

Das tat sie auch und schon ein paar Sekunden später stand auch Mara in der Tür. Ihre Mama verschwand wieder und die beiden jungen Einhörner waren allein.

„Ich denke, du magst keine Einhörner, die immer recht haben wollen!", fing Mara

sofort an und hatte den Streit natürlich nicht vergessen.

Filu senkte den Blick und fragte sich, warum sie überhaupt losgelaufen war. Es hatte keinen Sinn. Mara würde ihr nicht verzeihen. Das sah sie ihr an. Sie überlegte, ob sie überhaupt noch etwas sagen sollte. Gehen schien die bessere Option zu sein.

Das rosa Einhorn wollte es aber wenigstens versuchen.

„Mara, es tut mir leid!"

Das reichte noch nicht. Ihre Freundin verzog keine Miene, sondern schaute Filu schweigend und verbittert an.

In ihrem Kopf suchte die Besucherin nach den richtigen Worten.

„Was ich gestern gesagt habe, tut mir wirklich leid. Es ist mir so rausgerutscht. Ich war sauer, weil du immer bestimmen möchtest, was wir spielen. Wenn ich einen Vorschlag habe, ist er meistens nicht gut genug."

Mara blinzelte und schien über das Ereignis des gestrigen Tages nachzudenken.

„Ich habe das nicht böse gemeint, ich habe dich wirklich lieb. Du bist meine beste Freundin und das wird auch immer so bleiben."

Maras Gesichtszüge veränderten sich, doch was sie dachte, konnte Filu noch immer nicht erkennen. Mut machte es ihr nicht.

„Ist das wirklich so?", fragte Mara plötzlich und Filu hatte Probleme, ihre Frage zu verstehen. Erst, nachdem sie kurz nachgedacht hatte, wusste sie, was ihre beste Freundin meinte. Ja, es stimmte. Mara hatte immer gerne recht, aber gesagt hatte sie es ihr nie. Aus Angst, sie zu verletzten oder gar zu verlieren. Nun stand sie hier und wusste nicht, ob es richtig oder falsch war, so ehrlich zu sein.

„Nicht immer, aber manchmal."

Mehr konnte Filu nicht sagen.

Es herrschte Schweigen. Mara schaute sie an, sagte nichts. Aber dann ...

„Warum hast du das nicht eher gesagt? Ich möchte doch, dass du auch Spaß hast, wenn wir spielen. Nicht nur ich. Weißt du, ich merke das oftmals nicht. Manchmal fällt es mir sogar selbst auf, aber eben nicht immer. Tut mir leid!"

Filu brauchte einen Augenblick, um das alles zu verstehen. Sie war hierhergekommen, um sich bei Mara zu entschuldigen. Jetzt war sie es, die sich entschuldigte.

„Nein, es ist nicht deine Schuld. Ich hätte es dir schon früher sagen sollen, aber ohne dich zu beleidigen. Das war nicht richtig."

Es war ein seltsamer Moment, aber es herrschte auch eine Stimmung, die wohl beide nicht für möglich gehalten hätten.

„Was hältst du davon, wenn wir uns von nun an alles sagen. Nichts mehr für uns behalten und ehrlich sind! Das ist sicherlich nicht leicht, aber wir werden das schaffen. Ich bin mir sicher. Zusammen!"

Mara lächelte und schien glücklich mit ihrer Aussage zu sein.

Filu brauchte ebenfalls nicht sehr lange zu überlegen und konnte ihr Glück kaum fassen. Ihre beste Freundin war nicht verloren. Sie würde weiterhin die sein, die sie war und sie würden wieder zusammen im Garten spielen können.

„Wollen wir noch zusammen rausgehen? Das Wetter ist heute schön!", sagte Filu und griff das auf, was sie bei ihrem Herkommen gehofft hatte. Endlich wieder mit ihrer besten Freundin in der Sonne spielen. Es würde kein Traum bleiben.

„Ja sicher! Ich habe heute nichts vor. Ich sage nur Mama schnell Bescheid und dann können wir rausgehen. Wollen wir hier im Garten bleiben?"

Filu musste nicht lange nachdenken. Mama würde wissen, dass sie sich mit Mara wieder vertragen hatte und bei ihr war, wenn sie nicht nach Hause kam.

„Wir können hierbleiben. Ich gehe in den Garten und warte dort auf dich."

Mit diesen Worten rannte Filu auch schon in den schönen Garten zu einem kleinen Teich mit vielen bunten Blumen.

Das kleine Einhorn war unendlich glücklich und sie hatte an diesem Nachmittag sehr viel gelernt. Jeder sagte ab und an Dinge, die ihm später leid taten. Wichtig war, es zu erkennen und nicht die Schuld nur bei dem anderen zu suchen. Es ist nicht richtig, etwas zu sagen, was einen anderen verletzt, aber dazu zu stehen, war das Wichtigste und konnte jeden Streit vergessen machen.

Mara kam mit einem Lächeln aus dem Haus und zusammen tollten sie bis zum Abend über die Wiese und es gab nichts, was sie davon abhalten konnte.

Alles war gut!

Hattest du auch schon einmal Streit mit einer Freundin? Hier kannst du ein Bild von dir und deiner besten Freundin malen.

Sie ist nicht mehr da

Sassi blätterte in einem Buch und versuchte, ihre Gedanken zu vertreiben. Das war gar nicht leicht. Ab und an schaute sie aus dem Fenster in den nahegelegenen Wald, aber auch dadurch konnte sie keine Ruhe für sich finden.

Wann würde es besser werden? Das lilafarbene Einhorn stellte sich diese Frage in der letzten Zeit sehr oft. Wenn sie genauer darüber nachdachte, sogar jeden Tag. Doch die Antwort, die sie suchte, fand Sassi dabei nicht.

Das Einhorn seufzte, stand auf und lief einen Moment ruhelos hin und her. Das brachte auch nichts, also setzte sie sich wieder und schaute abermals in das Buch auf dem Tisch. Es war nicht irgendein Buch: Es war ein Fotoalbum von ihr und Niery, ihrer besten Freundin. Sassi schluckte und schlug die erste Seite auf. Es war das erste gemeinsame

Bild. An diesem Tag hatten sie sich kennengelernt und waren sofort ein Herz und eine Seele gewesen. Nichts hatte sie auseinanderbringen können. Jede freie Minute war für sie bestimmt gewesen und daran hätte sich auch nichts ändern sollen.

Zumindest, wenn es nach den beiden Freundinnen gegangen wäre.

Das Leben hatte jedoch einen anderen Plan gehabt. Nierys Eltern verließen den Ort, um in einem anderen Zuhause neu anzufangen. Den Grund erfuhren die Freundinnen nie genau. Zumindest sagte Niery nichts und Sassi fragte nicht weiter nach. Es spielte keine Rolle, warum sie wegzog. Es war schlimm genug und ein Grund, egal wie wichtig, konnte es nicht besser machen. Sie würden sich nicht mehr jeden Tag sehen. Eine Vorstellung, die Sassi bis heute nicht begreifen konnte.

Ihre beste Freundin war nun schon zwei Wochen weg. Alles war leer, nichts mehr so, wie es einmal war. Sassi wusste nicht, warum sie noch nach draußen spielen gehen sollte. Allein machte es keinen Spaß. Irgendwann fragte sie sich sogar, was das Aufstehen am Morgen bringen sollte. Mama holte sie trotzdem aus dem Bett, machte ihr Lieblingsfrühstück.

Das heiterte zumindest ein bisschen auf.

Die Freude hielt aber nicht lange an und schon bald war das lila Einhorn wieder traurig und vergrub sich allein in seinem Zimmer.

Heute war wieder so ein Tag, an dem Sassi nichts und niemanden sehen wollte. Es war gut, allein mit diesem Fotoalbum hier zu sein und nicht über ihre Sorgen reden zu müssen. Aber mit jeder Seite, die sie aufschlug, überkam sie ein größeres Gefühl der Traurigkeit. Immer wieder schob sie das Buch von sich, holte es wieder heran und schob es wieder weg.

Eine Zerrissenheit, die sie immer wieder und jeden Tag spürte. Ändern würde sich daran nichts.

Eine Träne kullerte ihre glitzernde Wange herunter und verlor sich auf einem Bild, das sie besonders mit Schmerz erfüllte. Es war das letzte gemeinsame Foto. Auch wenn die beiden lächelten, war die Stimmung eine ganz andere.

Sassi, das lila Einhorn, umarmte das rosa Einhorn Niery im Sonnenschein vor ihrem Haus. Dieses war jetzt leer. Vielleicht würde irgendwann eine andere Familie einziehen, aber das interessierte Sassi nicht. Niery würde es auf keinen Fall sein.

Ein Geräusch riss sie aus ihren Gedanken und sie wandte den Blick vom Fotoalbum ab. Mama kam herein, sie schien glücklich zu sein. Aus irgendeinem
Grund wurde Sassi neidisch. Sie selbst würde niemals mehr lachen oder auch nur leicht lächeln können. Es gab keinen Grund. Dennoch war es schön, wenn Mama es wenigstens konnte.

„Hallo, mein Schatz. Was machst du denn da?"

Das kleine Einhorn überlegte, ob sie das Buch schnell verstecken sollte. Mama hatte es aber schon gesehen, als sie den Raum betrat.

„Ich schaue mir ein Buch an. Von mir und Niery. Das Fotoalbum, weißt du noch?"

Mama lächelte wieder. Sie konnte sich noch erinnern. Als Sassi erfuhr, dass Niery bald nicht mehr da sein würde, war Mama die Idee mit dem Fotoalbum gekommen. Zusammen setzten sie sich jeden Nachmittag hin, wenn sie Zeit hatten, und klebten ein Bild nach dem anderen auf. So lange, bis es voll war. Das Gleiche machten sie dann noch für Niery. Sie besaß ebenfalls ein solches Album. Ob sie es auch manchmal anschauen würde?

„Mama, glaubst du, Niery schaut auch in ihr Album?", fragte sie und wusste nicht einmal, ob sie es wissen wollte.

„Warum sollte sie das nicht? Sie vermisst dich genauso. Ganz bestimmt! Oder zweifelst du daran?"

Sassi wandte den Kopf ab. Sie wusste es nicht. Es konnte gut sein, dass Niery schon neue Freunde hatte und gar nicht mehr ans sie dachte. Die Vorstellung machte das lila Einhorn noch trauriger.

„Keine Ahnung. Ich habe nichts von ihr gehört, seit sie fort ist. Vielleicht vermisst sie mich gar nicht und spielt schon mit anderen."

Mama setzte eine seltsame Miene auf und rückte noch ein Stück näher zu Sassi.

„Hör mir mal zu, mein Schatz! Ich weiß, dass sie deine beste Freundin war und das ist sie noch immer. Es stimmt, sie ist nicht mehr hier, aber sie ist auch nicht verschwunden. Selbst dann, wenn Niery nicht in deiner Nähe sein kann, ist sie doch immer in deinem Herzen und deinen Gedanken. Oder nicht?"

Mama legte den Kopf schräg und wartete auf eine Antwort. Diese kam aber nicht.

„Es ist ihr auch nicht leicht gefallen. Manchmal geht das Leben aber so einen Weg und sie hat selbst gesagt, dass ihr euch wiedersehen werdet. Weißt du nicht mehr?"

Das stimmte. Niery sagte bei ihrem Abschied, dass sie sich bald wiedersehen würde, aber Sassi hatte nicht genauer nachgefragt, weil sie in diesem Moment ohnehin keine Worte gefunden hatte. Wann dieses Wiedersehen sein sollte, wusste niemand. Es konnte auch Monate oder gar Jahre dauern.

„Ja, das hat sie gesagt, aber das hilft leider nicht weiter. Ich vermisse sie so sehr, Mama!"

Mama kuschelte sich kurz an Sassis Mähne, sagte aber nichts. Es war ein seltsames Schweigen, als wüsste sie nicht, was als Nächstes kommen sollte.

Sassi kannte ihre Mama sehr gut und irgendetwas stimmte hier nicht.

„Weißt du, manche Dinge verändern sich schnell und du kannst nichts dagegen machen. Du kannst sie nicht aufhalten, auch wenn du es möchtest. Manchmal willst du das und manchmal wieder auch nicht!"

Das lila Einhorn blinzelte. Was wollte Mama ihr denn damit sagen? Sie sprach in Rätseln, aber sie hatte jetzt keine Lust, eine Antwort zu finden.

„Mama, ich ...", doch diese schüttelte nur mit dem Kopf und deutete nach draußen. Zögerlich stand Sassi auf und sah aus dem Fenster.

War das ein Traum? Nein, das konnte keiner sein: Im Garten stand ihre beste Freundin Niery und lächelte sie an.

„Mama, da draußen: Ist sie das wirklich?"

Die Angesprochene nickte, denn sie wusste, dass es die vermisste beste Freundin war.

„Aber wie kann das sein?"

„Ganz einfach: Sie machen hier ein paar Tage Urlaub bei Freunden und nun ist sie da. Niery hat dir ja versprochen, dass ihr euch bald wiederseht. Na los, geh schon. Sie wartet auf dich!"

Das ließ sich Sassi nicht zweimal sagen. Ohne sich nochmals umzudrehen, rannte sie durch die offenen Türen nach draußen in den Garten und begrüßte ihre Freundin, indem sie sich sofort eng umschlungen über die Wiese rollten. Sie war wirklich da.

„Niery, du bist hier! Ich habe dich so vermisst!"

„Und ich dich erst. Ich sagte doch, ich komme bald wieder. Ich bin nicht aus der

62

Welt, nur ein Stück weiter weg. Du bist und bleibst meine beste Freundin!"

Wieder tollten sie eine Runde über die Wiese.

„Wie ist es dort, wo du jetzt bist?"

„Es ist schön, ich habe ein tolles Zimmer, aber du fehlst mir. Willst du mich nicht auch einmal besuchen kommen? Es ist nicht weit!"

Das würde Sassi auf jeden Fall. Nun war alles wieder gut. Die Sonne schien auf das grüne Gras des Gartens und die Vögel zwitscherten den beiden glücklichen Freundinnen ein Lied.

Abschied war nicht einfach, das hatte Sassi heute gelernt. Aber er war nie endgültig. Beste Freunde blieben immer da: Im Herzen oder in den Gedanken und irgendwann kamen sie wieder. Wenn auch nur kurz, aber sie waren wieder da und niemals für immer fort!

Sassi und Niery sind wieder vereint und haben verstanden, dass ein bester Freund immer da ist. Wie stellst du dir die beiden bei ihrem Treffen vor?

Male Sassi und Niery bei ihrem ersten Wiedersehen: Ob deine Vorstellung der Geschichte gleicht oder du eine eigene Idee hast, bleibt dir überlassen. Lass dein Herz sprechen.

Magie ist überall

Fiona lief heute mit gesenktem Kopf zum Unterricht. Eigentlich liebte sie die Nachmittage. Sie waren magisch und wundervoll. Als Mama ihr damals sagte, dass sie alt genug für den Zauberunterricht wäre, hatte das kleine Einhorn Luftsprünge gemacht.

Sie wollte endlich, wie auch die älteren Einhörner, zaubern können. Sie freute sich auf die Zeit, die vor ihr lag und wusste, dass es ihr Spaß machen würde.

Die ersten Male ging sie auch gerne hin. Anfangs schauten die neuen Schüler nur zu, aber das war in Ordnung. Es war auch so schon sehr zauberhaft.

Dann ging es an die ersten Versuche. Ein paar Einhornschüler hatten wirklich schon kleine Erfolge. Sie zauberten glitzernde Funken, die der Wind mit sich nahm. Es war ein unvergesslicher Anblick. Bei Fiona klappte es leider nicht so gut.

Sie gab sich große Mühe, aber es kamen nicht einmal ein oder zwei kleine Fünkchen zum Vorschein.

Anfänglich dachte sie sich nichts dabei und machte weiter, wie die Lehrerin sagte. Sie ging jede Woche zum Unterricht, hörte aufmerksam zu und befolgte das, was ihr aufgetragen wurde. Fiona ließ sich von ihren kleinen Misserfolgen nicht aufhalten. Immer wieder gab sie ihr Bestes, doch am Ende wurde sie enttäuscht.

Nach der 6. Stunde ging sie wieder nach Hause, ohne den winzigsten Funken hervorgebracht zu haben. Das kleine Einhorn wollte es nicht glauben, aber langsam bekam sie das Gefühl, einfach nicht magisch zu sein!

Heute war es wieder so weit: Der Unterricht stand an. Eigentlich wollte Fiona nicht gehen, doch Mama überzeugte sie. Es wäre wichtig und mit etwas Glück würde sie es heute schaffen. Was sollte sie auch gegen Mamas Worte sagen? Manchmal fragte sich das kleine, rote Einhorn, ob Mama sogar wusste, dass sie gar nicht zaubern konnte. Aber woher? Diese Frage konnte Fiona nicht beantworten. Vielleicht wollte sie das auch gar nicht.

Zu ihrer Mama sagte sie, dass sie heute noch gehen würde, aber sollte es dann nicht klappen, würde sie es aufgeben.

Dann wäre Fiona eben das einzige Einhorn, das nicht zaubern konnte. Eine Vorstellung, die natürlich keinen Mut machte.

Als sie ankam, waren die anderen Schüler schon da. Sie unterhielten sich über die Erfolge der letzten Woche, von denen Fiona nichts zu berichten hatte. Sie hielt sich im Hintergrund und wartete, bis es losging.

Kurze Zeit später kam auch schon ihre Lehrerin und begrüßte sie alle mit freundlichem Blick und einem glitzernden Funkenregen.

Fiona staunte wie immer. Bei ihr sah es so leicht aus und sofort forderte sie auch den ersten Schüler auf, es selbst zu versuchen.

Gebannt schaute Fiona zu. Sie würde es nie zugeben, aber irgendwie wünschte sie sich, dass es nicht gelingen würde. Sie mochte das Einhornmädchen zwar, welches jetzt an der Reihe war, doch dann wäre sie selbst mit ihrem Problem nicht allein.

Wie zu erwarten, gelang es der Schülerin und sie zauberte einen atemberaubenden Funkenregen, der fast noch schöner war als das Kunstwerk der Lehrerin.

Durch die Menge ging ein aufgeregtes Raunen und alle wandten sich in Richtung des Glitzerregens, der langsam verglomm.

„Das hast du sehr gut gemacht. Du kannst stolz auf dich sein."

Die Lehrerin wandte sich an die Klasse.

„Jetzt wisst ihr, wie es aussehen kann. Wer möchte es als Nächstes probieren?"

Für einen Moment herrschte Schweigen, dann trat die erste Schülerin vor und wagte den Versuch. Kurz schien es so, als wüsste sie nicht, was zu tun ist, doch dann machte sie eine Bewegung, murmelte ein paar Worte und es erschienen wunderschöne pinke Funken, die zu ihrer eigenen Farbe passten. Es war wundervoll. Im Anschluss gab es einen Knall und wie bei einem Feuerwerk wurde aus dem Pink ein schönes Gold.

Wieder gab es ein aufgeregtes Murmeln.

„Sehr gut, meine Liebe, wirklich sehr gut!", freute sich die Lehrerin wieder und schien ihr Glück kaum fassen zu können.

„Ich muss schon sagen, ich bin begeistert. Wer schon einen Versuch hatte, rückt bitte einen Schritt zur Seite, damit wir niemanden übersehen. Jeder möchte einmal drankommen, stimmts?"

Das schien für alle Einhörner zu gelten, nur nicht für Fiona. Sie fühlte sich zunehmend unwohl, als ahnte sie, was jetzt kommen würde.

„Fiona! Wie ist es mit dir? Möchtest du den anderen zeigen, was du schon gelernt hast?"

Das kleine, rote Einhornmädchen senkte den Blick und spürte ein Gefühl, das ihr nicht gefiel: Angst! Sie wollte sich nicht blamieren und vor den anderen versagen. Jeder konnte es, nur sie nicht. Warum, wusste sie selbst nicht. Sie wollte es, gab sich Mühe, aber nicht ein einziger Funken wollte den Himmel erhellen. Es war hoffnungslos und je länger sie sich genau das sagte, desto schlimmer wurde es.

„Fiona? Was ist los?"

Alle Blicke ruhten auf ihr und die Lehrerin kam langsam auf sie zu. Sie machte sich Sorgen, dennoch konnte das kleine Einhorn nichts sagen. Ihre Lippen schienen sich nicht mehr öffnen zu wollen.

„Was ist denn los? Geht es dir heute nicht gut?"

Erst jetzt hob Fiona den Blick. Sie musste etwas sagen, ob sie wollte oder nicht.

„Nein, es geht mir gut. Ich kann das nur ... nicht!"

Ihre Lehrerin legte den Kopf schräg und schien zu überlegen. Es dauerte einen Moment, bis sie verstand.

„Was kannst du nicht? Zaubern?"

Fiona nickte zögerlich. Sie kam sich albern und hilflos vor. Für sie war hier kein Platz.

„Aber meine Kleine, du musst dir doch darüber keine Sorgen machen!"

Fiona schaute auf und konnte nicht glauben, was sie hörte. Es war nicht die Antwort, mit der sie gerechnet hatte.

„Jeder fängt klein an. Die größten Magier unter den Einhörnern hatten am Anfang Probleme. Nur weil es bis jetzt nicht geklappt hat, heißt das nicht, dass du es nie schaffen wirst. Wichtig ist, dass du deinen Mut behältst und es wirklich willst. Wenn dein Moment gekommen ist, funktioniert es von ganz allein."

Mit diesen Worten und einem tollen Lächeln trat die Lehrerin zurück und zeigte Fiona, dass sie ihr folgen sollte. Alle Zauberkünste wurden direkt vor der Gruppe gezeigt.

Mit zittrigen Schritten folgte das kleine Einhorn und stellte sich auf ihre Position. Sie dachte noch immer an die lieben Worte und es ging ihr sogar etwas besser. Sie wandte sich um, sodass sie die anderen Einhörner sehen konnte. Alle lächelten ihr zu. Sie lachten nicht, sondern schienen sie aufmuntern zu wollen.

Fiona atmete tief durch und sammelte all ihre Kraft und ihren Mut. Sie wollte es versuchen!

„Wenn du so weit bist, kannst du beginnen. Ganz ruhig Fiona. Es wird alles gut, das verspreche ich dir!"

Die netten Worte taten gut.

Fiona schloss die Augen und stellte sich die schönsten Farben vor, die ihr einfielen. Ein kräftiges Rot, ein schönes Blau und tolles Orange, aber ein Pink durfte auch nicht fehlen. Sie machte eine Bewegung und noch eine. So, wie sie es gelernt hatte. Dann öffnete das kleine Einhorn die Augen und sah etwas, was sie nie für möglich gehalten hätte: Vor ihr zeigte sich ein Funkenregen, der schöner und atemberaubender war als alles, was sie bis jetzt gesehen hatte.

Es glitzerte in allen Farben, die sie sich gewünscht hatte. Alles durcheinander und doch so, als gehörten sie für immer zusammen.

Nun ging wieder ein Raunen durch die Menge, doch es gehörte allein ihr: Fiona!

„Das ist wundervoll! Ein Traum, ein wirklicher Traum! Das hast du wundervoll gemacht, Fiona. Ich bin so stolz auf dich!"

Mit dem letzten Wort zeigte sich auch der letzte Funken, das Blau kehrte in den Himmel zurück. Das kleine Einhorn war sprachlos.

Alles war möglich, wenn sie es wirklich wollte. Dieser Funkenregen gehörte ihr und sie würde ihn nie vergessen.

„Danke, dass ihr alle an mich geglaubt habt!", dachte Fiona glücklich.

Einhornquiz

Wie viel Einhorn steckt in dir? Kannst du die Fragen richtig beantworten?

Die Auflösung findest du am Ende des Buches.

Was mögen Einhörner besonders gerne?

- ☐ Pferde und Pizza
- ☐ Zuckerwatte und Märchen
- ☐ Regenbogen und Glitzer

Zu welcher Gattung gehören Einhörner?

- ☐ Säugetiere
- ☐ Fabelwesen
- ☐ Reptilien

Was machen Einhörner gerne?

- ☐ Fliegen
- ☐ Schwimmen
- ☐ Schlafen

Die richtige Krone

Fabella war heute mehr als aufgeregt. Es war ihr großer Tag, denn nun war sie alt genug. Alle Einhörner, die ein bestimmtes Alter erreicht hatten, bekamen eine Krone. Natürlich nur die Mädchen und Fabella war ein Mädchen.

Mama hatte ihr versprochen, heute mit ihr diesen besonderen Kopfschmuck zu besorgen und sie wussten beide, wo es hingehen würde: in das Kronengeschäft des Einhornlandes.

Es gab nur dieses eine, hier gingen alle kleinen Einhornmädchen einkaufen und fanden die Krone, die sie ab diesem Tag immer begleiten würde.

„Mama, bist du so weit? Können wir los?"

Ganz aufgeregt hüpfte Fabella hin und her. Sie wollte sich endlich auf den Weg machen, aber sie musste auf Mama warten. Diese schien noch ein paar Dinge zu suchen. Dann war es endlich geschafft.

„Ja, schon gut, ich habe alles, mein Schatz. Wenn du auch soweit bist, können wir los."

Fabella rannte ein gutes Stück voraus. Dabei glitzerte ihre kleine Blume, die sie extra in die Mähne gesteckt hatte, im Sonnenlicht. Heute wollte sie wirklich perfekt aussehen.

Auf dem Weg zum Geschäft begegneten sie auch einer anderen Einhornfamilie.

„Na, seid ihr auf dem Weg zur neuen Krone?", fragte die andere Mama und lächelte.

„Ja, das sind wir. Fabella ist schon ganz aufgeregt."

„Das kenne ich. Meiner Kleinen ging es letztes Jahr auch so. Dann wünsche ich viel Spaß beim Aussuchen. Wir sehen uns später."

Mit diesen Worten trennten sie sich voneinander. Fabella fiel es ohnehin schwer, zuzuhören. Sie sah schon das Geschäft von Weitem und lief so schnell sie ihre Hufe tragen konnten.

„Mama, siehst du es? Da drüben ist das Geschäft. Komm schon, beeil dich!"

Davon ließ Mama sich aber nicht beirren. Sie schienen alle Zeit der Welt zu haben, das wusste auch Fabella. Für sie ging es nur viel zu langsam.

Sie konnte schon jetzt das Funkeln in den Schaufenstern sehen und ihr Herz schlug bis zum Hals.

Als das kleine Einhorn endlich davor stand, traute sie ihren Augen nicht. Die Kronen waren noch hübscher als in ihrer Vorstellung. Alle Farben und Formen lagen im Fenster aus. Eine funkelte und glitzerte schöner als die andere und inmitten der vielen Kronen lag sie: Genau die, die Fabella sich schon immer vorgestellt hatte.

Diese Krone war Silber-Rosa und mit dunkelroten Glitzersteinen besetzt. So einen schönen Kopfschmuck hatte Fabella noch nie gesehen. Sie konnte sich gar nicht sattsehen. Ihr Blick war wie gebannt und sie wusste nur eines: Diese musste es sein!

Mama schloss zu ihr auf und blieb hinter dem Einhornmädchen stehen.

„Gefällt dir hier schon etwas?"

„Ja Mama, die da! Das muss sie sein, unbedingt!"

Für sie gab es keinen Zweifel mehr.

Mama schaute ins Schaufenster, achtete aber auf eine gewisse Kleinigkeit, die für Fabella nicht so wichtig war. Unter der Krone lag ein kleines Schild mit einem Preis.

Für aufgeregte, junge Mädchen nicht von Bedeutung, aber für Mamas dafür umso mehr. Mama verzog ein wenig das Gesicht und wandte sich ab.

Fabella wollte nicht nachfragen. Sie stürmte in das Geschäft und schaute sich nicht mehr um. Für sie war es völlig klar, welche Krone sie haben wollte.

Die Tür fiel hinter Mama ins Schloss und sofort kam ihnen eine freundliche Verkäuferin entgegen. Sie trug natürlich auch eine schöne Krone, die aber nicht so unbeschreiblich schön aussah wie die im Schaufenster.

„Guten Morgen. Wie ich schätze, seid ihr beide auf der Suche nach einer Krone für dich?"

Fabella nickte aufgeregt und rannte zum Schaufenster.

„Die hier möchte ich haben. Die ist so schön!"

Die Verkäuferin folgte ihr und deutete auf die Krone, um festzustellen, ob sie die richtige meinte.

Das Einhornmädchen nickte und vorsichtig wurde ihr der hübsche Kopfschmuck aufgesetzt. Fabellas Herz raste und sie fühlte einen leichten Druck auf ihrer dichten Mähne.

„Wenn du möchtest, kannst du dich im Spiegel an-schauen."

Neben dem Fenster hing ein solcher und Fabella konnte nicht anders, als sich zu betrachten.

Das, was sie sich vorgestellt hatte, wurde bei Weitem übertroffen. Sie wandte sich nach links und rechts. Zauberhaftes Glitzern und Funkeln erfüllten den Raum.

„Schatz?"

Mama trat nun hinter sie und nahm ihr vorsichtig die Krone wieder ab.

„Sie ist wirklich wunderschön, keine Frage. Aber sie ist die teuerste im Laden und das können wir uns nicht leisten."

Was sagte Mama da? All die Freude war schlagartig verflogen! Hatte sie richtig gehört? Das durfte nicht sein. Fabella wollte unbedingt diese Krone. Wenn sie die nicht haben durfte, wollte sie gar keine.

„Warum? Nein, ich möchte aber diese Krone. Du hast gesagt, ich darf mir eine aussuchen."

Die Stimmung schlug augenblicklich um und die Verkäuferin zog sich zurück.

„Das weiß ich, aber wir können nur das kaufen, was wir uns auch leisten können.

Du hast dir die anderen Kronen nicht einmal angeschaut. Vielleicht findest du dort im Regal noch eine, die dir gefällt."

„Ganz sicher nicht!", antwortete Fabella sofort und sah zu, wie Mama ihr Traumschmuckstück wieder zurücklegte.

Erst jetzt, in diesem Moment, schien sie zu bemerken, wie sie sich gerade verhielt.

Mama schlug ihr fast nie einen Wunsch ab. Nun war Fabella so gemein zu ihr. Es tat ihr leid und vielleicht war es keine schlechte Idee, wenigstens einen Blick zu riskieren.

Trotzdem etwas traurig schaute sich Fabella um und blieb vor einem Regal stehen, in dem rosa Kronen mit silbernen Steinchen lagen. Sie liebte Rosa und ein Schmuckstück aus dem Regal gefiel ihr besonders gut.

Vorsichtig nahm sie das erwählte Stück heraus und setzte es auf. Vor dem Spiegel betrachtete sich das Einhorn erneut.

Diese Krone funkelte nicht so stark wie der Vorgänger, aber sie war auch wunderschön. Ein Lächeln stahl sich in Fabellas Gesicht.

Die Steinchen blinkten bei jeder Bewegung und passten wunderbar zu der Blume in ihrer Mähne.

„Mama, was hältst du von dieser? Wäre die in Ordnung?"

Es dauerte nicht lange, bis Mama hinter ihr stand und sich die Krone anschaute. Sie schien ihr auf den ersten Blick zu gefallen.

„Ja, die sieht toll aus. Sie passt sehr gut zu deiner Blume", gab sie das wieder, was auch Fabella dachte.

Abermals wandte sie sich nach links und rechts. Sie konnte von dem Glitzern und Funkeln gar nicht genug haben und je länger sie vor dem Spiegel stand, desto mehr mochte sie diese wundervolle Krone, die ihr fast nicht aufgefallen wäre.

Fabella schaute Mama und an und klimperte mit den Augen.

„Darf ich die haben? Bitte, Mama! Die ist so schön!"

Mama lächelte und überlegte keine Sekunde, bis sie eine Antwort gab.

„Natürlich! Diese darfst du gerne haben, wenn sie dir gefällt. Siehst du, es gab doch noch eine andere, stimmts?"

Ja, wie immer hatte auch heute Mama recht.

Diese Krone war wunderschön und Fabella würde sie nicht mehr hergeben.

Mama bezahlte das Schmuckstück und Fabella setzte es nur noch einmal kurz ab, damit die Verkäuferin nach dem Preis schauen konnte. Sobald das erledigt war, musste die Krone auch schon wieder auf den Kopf zurück. Sie gehörte nun zu Fabella!

Mit diesem wunderschönen, glitzernden Kopfschmuck verließen die beiden das Geschäft. Sie waren glücklich, doch Fabella hatte heute nicht nur ihre lang ersehnte Krone bekommen. Das Einhornmädchen hatte auch gelernt, dass etwas günstigere Dinge genauso wunderschön sein können.

Sie trug jetzt mit Stolz ihre Krone und würde sie nie mehr hergeben.

Mama war einfach die Beste!

Wie stellst du dir Fabellas Krone
vor? Male sie so, wie du sie in deinen Gedanken gesehen hast. Gerne auch auf
Fabellas Kopf – wie du es gerne möchtest!

Groß und wunderbar

Feuerschweif saß am Bach und schaute ihr Spiegelbild im Wasser an. Das tat sie oft, heute aber besonders lange. Sie wollte nicht aufstehen und sich zu den anderen gesellen. Heute wollte das orangene Einhorn mit der roten Mähne lieber allein sein und den ganzen Tag ihr Spiegelbild betrachten.

Dieses sagte keine komischen Sachen zu ihr, die sie verunsicherten. Hier konnte sie so sein, wie sie war. Der Bach schimpfte nicht, beleidigte sie oder tat ihr mit Worten weh.

Ein Geräusch ließ Feuerschweif aufhorchen und sie sprang auf. Wo kam es her? Auf den ersten Blick konnte sie nichts sehen und dachte schon, dass sie sich getäuscht hatte. Wieder setzte sie sich und schaute still in das Wasser.

„Was machst du hier?"

Jetzt hörte sie auch noch eine Stimme, aber sie erschrak nicht, denn sie erkannte sofort eine gute Freundin. Es war Funky, die scheinbar nach ihr gesucht hatte.

Das orangene Einhorn schaute aber nicht auf, sondern antwortete nur tonlos:

„Ich bin hier und schaue in den Bach. Ich komme heute nicht mehr spielen. Geh du nur!"

Das war seltsam und das merkte Funky sofort. Sie dachte nicht daran, einfach zu gehen. Sie setzte sich neben die Freundin und schaute diese eine Zeit lang schweigend an. Als sie weiterhin nichts sagte, erhob sie nochmals das Wort.

„Warum machst du das?"

„Einfach so."

Feuerschweif wusste, dass ihre Freundin es gut meinte, aber sie wollte nicht darüber reden. Morgen vielleicht, aber wahrscheinlich auch dann nicht. Es ging keinen etwas an. Helfen konnte ihr ohnehin niemand und schweigen war manchmal einfach besser.

Sie fühlte sich so unwohl.

„Gut, dann bleibe ich so lange hier sitzen, bis du mir erzählst, was mit dir los ist."

Die Einhörner sahen sich an, wandten sich dann aber wieder voneinander ab.

Feuerschweif wusste genau, dass ihre Freundin nicht gehen würde, bevor sie nicht erfuhr, was nicht stimmte. Sie konnte die ganze Nacht hier sitzen. Das Einhorn überlegte: Sollte sie ihr schnell erzählen, was sie so ärgerte? Dann war es heraus und vielleicht würde Funky dann doch gehen und sie allein lassen. Das klang nach einer guten Idee!

„Hast du nicht gehört, was die anderen vorhin zu mir gesagt haben? Dass ich bei ihren Spielen nicht mitmachen kann, weil ich zu groß bin."

Funky blinzelte und schien sofort zu verstehen. Feuerschweif war froh, dass sie nicht noch mehr erklären musste. Es war ersichtlich, dass sie für ein kleines Einhorn recht

groß war. Jetzt war sie schon fast so groß wie Mama und sie war sich sicher, wenn noch mehr Zeit verging, würde sie auch Papa eingeholt haben.

War das normal oder nicht? Ihre Eltern sagten immer wieder, dass sie sich keine Sorgen machen müsse. Sie war nicht krank, sondern einfach nur groß. Jedes Einhorn sah anders aus.

Während das eine eine rosa Mähne hatte, trug ein anderes eine blaue. Genauso war es mit der Fellfarbe. Die Unterschiede waren riesig, aber mit der Größe sah es etwas anders aus. In den meisten Fällen waren Einhörner im gleichen Alter auch fast immer gleich groß.

Feuerschweif nicht! Sie fiel aus dem Rahmen und das schon immer. Sie war ein hübsches Einhorn, aber seit sie denken konnte, schon immer etwas größer als die anderen.

Eigentlich störte sie es nicht, bis heute, als ihr gesagt wurde, dass sie zu groß zum Mitspielen sei. Sofort hatte sich Feuerschweif zurückgezogen und sich nicht mehr dazugehörig gefühlt. Sie, ein Riese unter den Einhörnern, passte nicht dazu.

Nun saß sie hier am Bach und schaute ins Wasser.

Funky rückte ein Stück näher zu ihr auf, schien aber nach Worten zu suchen. Das große Einhorn hatte auch nichts anderes erwartet. Sicherlich würde auch ihre Freundin schon lange diese Gedanken haben, hatte aber bisher nichts gesagt. Jetzt wusste sie nicht, was sie machen sollte. Genau – anders konnte es nicht sein.

„Warum stört dich das?"

Feuerschweif blinzelte und sah ihre Freundin an. Was sagte sie da? Wie sollte sie diese Frage verstehen?

Das orangene Einhorn brauchte einen Moment, um es zu verstehen und schwieg.

„Ich meine, sonst hast du auch mitgespielt und es ging gut. Dass du groß bist, haben wir schon immer gewusst. Nun hat es dir ein Einhorn gesagt und plötzlich stört dich deine Größe?"

Feuerschweif hatte so noch nicht darüber nachgedacht. Funky hatte aber recht. Bis heute hatte sie immer mitgespielt, trotz ihrer Größe, und es war auch richtig, dass schon lange alle wussten, dass sie groß war für ihr Alter.

„Weißt du, was ich denke? Das Einhorn hat es gar nicht böse gemeint. Sicherlich tat es ihm nachher leid, als du gegangen bist. Was hältst du davon, wenn wir es suchen und du mit ihm redest?"

Feuerschweif machte große Augen. Solche Gedanken hatte sie selbst noch nicht gehabt.

„Meinst du, das ist eine gute Idee?"

„Klar! Warum nicht? Versuch es doch. Bestimmt geht es dir nachher besser und dem anderen Einhorn auch. Lass uns gehen!"

Mit diesen Worten zog Funky das große Einhorn mit sich. Wehren konnte sie sich nicht mehr. Ihr Ziel war die Wiese, auf der die anderen gewiss noch spielen würden.

Nach einem kurzen Fußmarsch kamen sie auf der sonnigen Fläche an.

„Da ist es!"

Feuerschweif erkannte das Einhorn sofort und als hätte es ihre Worte gehört, hob es den Kopf. Die beiden sahen sich an und es herrschte eine seltsame Stimmung.

„Komm, geh schon."

Das große Einhorn wurde nach vorn geschoben und stand mitten auf der Wiese. Ein Zurück gab es jetzt nicht mehr.

Langsam ging Feuerschweif auf das andere Einhorn zu. Gerade, als sie etwas sagen wollte, wurde ihr das Wort genommen.

„Es tut mir leid, was ich vorhin gesagt habe. Ich finde es nicht schlimm, dass du groß bist. Tut mir wirklich leid, dass ich das zu dir gesagt habe. Möchtest du jetzt vielleicht mit uns spielen?"

Feuerschweif schaute das andere Einhorn fragend an. War das möglich?

„Aber warum ... ich meine, warum hast du das vorhin gesagt?"

Zu gerne wollte sie darauf noch eine Antwort hören. Sie wusste selbst, dass manchmal gewisse Dinge gesagt wurden, die einem später leidtaten. In Ordnung war das aber nicht.

„Ich denke ... ich wollte allein spielen, also mit den anderen. Du bist so gut in dem Spiel und ich wollte auch mal gewinnen. Ich weiß, es geht nicht immer darum, aber ich habe nicht nachgedacht."

Feuerschweif ließ sich diese Worte durch den Kopf gehen. Sie würde es jetzt nicht zugeben, aber manchmal ging es ihr doch genauso. Sie konnte es verstehen und eigentlich ging es gar nicht um die Größe, sondern um etwas ganz anderes.

Dennoch musste sie noch etwas loswerden.

„Na gut, ist nicht so schlimm. Versprichst du mir aber, dass du das nicht noch einmal machst?"

Das Einhorn nickte eifrig.

„Versprochen, irklich! Spielst du jetzt mit?"

Das orangene Einhorn ließ sich das natürlich nicht zweimal sagen. Sie spielte nur zu gerne mit.

Und Funky stand auch schon hinter ihr.

„Siehst du, das war doch gar nicht so schwer."

„Das stimmt!"

Mehr konnte Feuerschweif nicht sagen, denn das Spiel ging auch schon los.

Sie hatte heute sehr viel gelernt. Es war gut, über Sorgen zu sprechen und es konnte einfach passieren, dass etwas Falsches gesagt wurde. Wichtig war nur, dass jeder dazu stand und auch bereit war, sich zu entschuldigen. Doch für Feuerschweif war etwas anderes viel wichtiger: Sie wusste einmal mehr, dass Größe gar keine Rolle spielte. Jedes Einhorn ist einzigartig und wundervoll. Ganz egal, wie groß oder klein es auch war!

„Danke, liebe Funky, dass du zu mir gehalten und mir diesen Weg gezeigt hast",

ging es Feuerschweif durch den Kopf. Dafür würde sie sich später noch bei ihrer Freundin bedanken, doch jetzt gab es ein Spiel, auf das sie sich so sehr freute.

Schlusswort

Öffne deine Augen und kehre zurück aus einer wundervollen Welt fabelhafter Wesen: Das ist gar nicht leicht, oder? Lass dir ruhig noch etwas Zeit und verweile in dem letzten Moment, den du erlebt hast. Wenn du dich bereit fühlst, kannst du wieder auftauchen und bist zurück im Hier und Jetzt.

Wie hat dir deine Reise durch die Welt der Einhörner gefallen? Wunderschöne Dinge und Farben hast du gesehen. Du bist in eine Welt eingetaucht, die sonst nur in deinen Träumen zu finden war.

Es ist nur verständlich, dass du gerne länger geblieben wärst.

Hier ist aber noch nicht Schluss: Du kannst das Buch immer wieder zur Hand nehmen, darin blättern, lesen oder dir vorlesen lassen. Wie du es am liebsten möchtest! Tauche immer wieder in diese wundervolle Welt ein, die dich so glücklich gemacht hat und deine Sorgen für einen Moment hat vergessen lassen.

Aber nicht nur das: Sicherlich hast du dich in den Geschichten der kleinen Einhornmädchen ein Stück weit wiedergefunden. Sei es die Brille, die nicht gerne getragen wird, oder das teure Schmuckstück, welches durch kein anderes ersetzt werden kann.

Du musst keine Angst vor Entscheidungen haben, auch wenn es manchmal nicht leicht ist. Du bist toll, wunderbar und es gibt nichts, was dich aufhalten kann. Es läuft nicht immer alles nach Plan, aber manchmal kann ein neu aufgezeigter Weg auch richtig sein.

Trotz allem ist es nicht immer einfach, genau das zu tun, was du möchtest. Hier verbirgt sich eine Hürde und dort eine große Frage, die du erst einmal beantworten möchtest. Du zögerst, grübelst und weißt nicht, wie du es schaffen sollst.

Wenn es das nächste Mal so weit ist, schlage dieses Buch auf und erinnere dich an die Geschichten, die du gelesen hast und wieder lesen kannst.

Du bist mit deinen Ängsten nicht allein, denn selbst kleine, magische Wesen wie die Einhörner in diesem Buch haben damit zu kämpfen.

Es braucht manchmal ein wenig Zeit, um eine Lösung zu finden, und natürlich auch Mut, aber beides hast du.

Gib nicht auf und finde heraus, was tief in dir verborgen ist.

Du bist toll, so wie du bist, und kleine Herausforderungen machen dich nur noch stärker. Sieh die Welt mit neuen Augen, entdecke die Farben und erlebe das Funkeln der Einhörner, die dich auf deiner Reise begleiten.

Eine wunderschöne Zeit liegt vor dir. Freue dich darauf und nimm sie mit einem Lächeln an. Du wirst eine Lösung für all deine kleinen und großen Probleme finden. Hab nur Geduld und finde heraus, welche Energie in dir steckt. Es ist deine ganz persönliche Magie und sie gehört nur dir!

Auflösung zum Einhornquiz

Was mögen Einhörner besonders gerne?

Regenbogen und Glitzer

Zu welcher Gattung gehören Einhörner?

Fabelwesen

Was machen Einhörner gerne?

Fliegen

Haftungsausschluss

Die Umsetzung aller enthaltenen Informationen, Anleitungen und Strategien dieses Buchs erfolgt auf eigenes Risiko. Für etwaige Schäden jeglicher Art kann der Autor aus keinem Rechtsgrund eine Haftung übernehmen. Für Schäden materieller oder ideeller Art, die durch die Nutzung oder Nichtnutzung der Informationen bzw. durch die Nutzung fehlerhafter und/oder unvollständiger Informationen verursacht wurden, sind Haftungsansprüche gegen den Autor grundsätzlich ausgeschlossen.

Ausgeschlossen sind daher auch jegliche Rechts- und Schadensersatzansprüche. Dieses Werk wurde mit größter Sorgfalt nach bestem Wissen und Gewissen erarbeitet und niedergeschrieben. Für die Aktualität, Vollständigkeit und Qualität der Informationen übernimfmt der Autor jedoch keinerlei Gewähr. Auch können Druckfehler und Falschinformationen nicht vollständig ausgeschlossen werden. Die Bilder stammen von der Homepage www.pixabay.com und es handelt sich um lizenzfreie Fotos. Für fehlerhafte Angaben vom Autor kann keine juristische Verantwortung sowie Haftung in irgendeiner Form übernommen werden.

Urheberrecht

Impressum

© Lese Papagei

2022

1. Auflage

Kontakt:

Cerberus GesbR, Belinda Derflinger & Roland Andres,

Auergütlweg 10, 4030 Linz, Österreich

E-Mail: rbm.publishing@gmx.at

Zeitfracht Medien GmbH
Ferdinand-Jühlke-Straße 7
99095 Erfurt, Deutschland
produktsicherheit@kolibri360.de